INTRODUCIENDO
LA ESCUELA DEL ESPÍRITU SANTO

INTRODUCIENDO
LA ESCUELA DEL ESPÍRITU SANTO

El programa de Dios para preparar y perfeccionar la iglesia de Cristo...

«Para presentársela a sí mismo como una iglesia radiante, sin mancha ni arruga ni ninguna otra imperfección, sino santa e intachable.» Efesios 5:27

**Una Publicación de
MINISTERIOS LaFAMCALL**

Edición en Castellano

Segunda Edición – 2019

MINISTERIOS LaFAMCALL

~

Lambert Eze Okafor

~

Traducción al Castellano de **Ciudad de David**

www.ciudadedavid.org

CAPÍTULOS

1) Introducción 5

2) ¿Qué es la Escuela del Espíritu Santo? 5

3) ¿Quién imparte la enseñanza? 5

4) ¿Dónde está la Escuela del Espíritu Santo? 5

5) Propósitos de la Escuela del Espíritu Santo 5

6) ¿Cómo empezar la Escuela del Espíritu Santo? 5

7) Ejemplos Bíblicos de la Escuela del Espíritu Santo 5

8) Para ti y tus seres queridos 5

9) Final de la Introducción 5

10) Libros Recomendados 5

Introducción

Hay un nuevo movimiento de Dios, llamada la **Escuela del Espíritu Santo**. Es muy simple, y sin embargo muy poderoso. Es simple y poderoso en el sentido de que, a través de esto, ¡Dios transformará tu vida y la de tu familia en poco tiempo! Problemas que hayan estado durante años, que se niegan a marcharse pese a nuestros esfuerzos; todos estos problemas serán lavados por el *Agua de Vida*, que fluye del Trono de Dios. Esta Agua de Vida te llegará a través de la *Escuela del Espíritu Santo*. ¡Todo esto ocurrirá sin tu esfuerzo ni tus luchas!

Sí, no hará falta que hagas mucho. **Simplemente tendrás que descansar en la presencia de Dios mientras Él se ocupa de todo.** Dios ya no necesita de nuestra lucha carnal. Ahora, Dios quiere que entremos en su presencia y disfrutemos de Su *descanso*, mientras Él se encarga de acabar la obra que puso en marcha en nuestras vidas. Esa obra es la *perfección*, la cual está llevando a cabo en las vidas de Sus hijos – a través de la *Escuela del Espíritu Santo*. Uno de los planes de Dios para los últimos días es ese, ¡preparar a la novia de Cristo! (Apocalipsis 19:7). Es el vino dulce que reservó para nosotros, para los últimos días. El Vino Nuevo ahora está siendo servido.

> Acontecerá que **al final de los tiempos** [...] Vendrán muchos pueblos y dirán: «Venid, subamos al monte de **Jehová**, a la casa del Dios de Jacob. Él **nos enseñará** sus caminos y caminaremos por sus sendas». Porque de Sión saldrá la Ley y de Jerusalén la palabra de Jehová. — **Isaías 2:2, 3**

«Yo te instruiré, yo te mostraré el *camino que debes seguir; yo te daré consejos y velaré por ti. —
Salmo 32:8

Pero el Consolador, el Espíritu Santo, a quien el Padre enviará en mi nombre, les enseñará todas las cosas y les hará recordar todo lo que les he dicho.
—**Juan 14:26**

¿Qué es la Escuela del Espíritu Santo?

La Escuela del Espíritu Santo es el Programa de Discipulado de Dios para los últimos tiempos – por revelación. Es una novedad. Es un nuevo movimiento que Dios ha guardado específicamente para los últimos días. Esto se lo reveló al Profeta Isaías, y lo confirmó a través de Miqueas, para demostrar lo importante que es:

> [...] Y acontecerá en lo postrero de los tiempos, que será confirmado el monte de la casa de Jehová por cabeza de los montes, y será ensalzado sobre los collados, y correrán a él todas las naciones. Y vendrán muchos pueblos, y dirán: Venid, y subamos al monte de Jehová, a la casa del Dios de Jacob; y Él nos enseñará en sus caminos, y caminaremos por sus sendas. Porque de Sión saldrá la ley, y de Jerusalén la palabra de Jehová. *Isaías 2:2,3*

Esta profecía se repite exactamente igual en Miqueas 4:1,2, y simplemente significa que, en los últimos días, **la presencia de Dios** se verá exaltada sobre toda otra búsqueda del hombre. **El monte de Jehová significa la presencia de Dios**. Los *collados* son aquello que el hombre persigue por voluntad propia. En los últimos días, las naciones temblarán, y habrá temor en todo el mundo. A medida que las calamidades en los últimos días arrasan por todas las naciones, habrá temor entre los hombres.

Entonces, la gente abandonará sus metas egoístas y carnales y vendrá a Dios en busca de protección y cobijo. En otras palabras, el día vendrá en el que todo el mundo buscará a Dios, y le perseguirán por encima de cualquier otro deseo. En ese día, el *monte del Jehová* (la presencia de Dios) será anhelado más que cualquier otra cosa.

El texto continúa diciendo que, en esos días, buscaremos a Dios con un único motivo – que Él **nos enseñe Sus caminos**.

La gente se cansará de pedir milagros, bendiciones, y todo eso. Ahora pedirán solo una cosa – el conocimiento de Dios. Además, ya no dependerán de enseñanzas humanas adulteradas, sino irán directamente a Dios, ¡para aprender directamente de Él los caminos de la vida!

Esta es la Escuela del Espíritu Santo de la que estamos hablando. Dios se lo reveló a sus siervos y les dijo que ocurriría **en los últimos días**. Ahora bien, todo indica que estamos en los últimos días, por lo tanto, 0la Escuela del Espíritu Santo ha comenzado, tal como Dios dijo que ocurriría.

Qué más significa la Escuela del Espíritu Santo...

En la práctica, la **Escuela del Espíritu Santo** simplemente significa ¡aprender directamente de Dios! Cuando te apartas para Dios y le permites enseñarte, y guiar tu camino, entonces estás recibiendo la enseñanza del Espíritu Santo. ¡Y eso es todo! Simplemente significa que nos está enseñando y nos está guiando el Espíritu Santo (Romanos 8:14).

¿Quién imparte la enseñanza?

En Juan 14:26, Jesucristo dice que el Espíritu Santo nos enseñaría ¡todas las cosas que necesitamos saber en esta vida! En Isaías 2:3 y en el Salmo 32:8, Dios mismo nos dice que Él nos enseñará sus caminos. 1 Juan 2:27 dice que la unción – es decir, el Espíritu Santo – nos lo enseñará todo, para que no tengamos ya que ir de un sitio a otro buscando a alguien que nos dirija. El propósito principal para enviar al Espíritu santo es para que fuera nuestro Maestro. (ver Juan 14:26)

Y cuando el Espíritu Santo nos enseña, a eso le llamamos la Escuela del Espíritu Santo.

Así pues, ¿quieres que el Espíritu Santo sea tu profesor particular? ¿Quieres que Él te empiece a enseñar los caminos de Dios? ¿Quieres que te enseñe todo lo que necesitas saber en esta vida? ¿Quieres que empiece a guiarte y dirigir tus pasos por donde debes ir?

Lo único que tienes que hacer es pedírselo, ¡y Él lo hará! Está esperando a que se lo pidas. Cuando empiece a guiarte y enseñarte, y tú empieces a obedecer sus enseñanzas por voluntad propia, ¡entonces ya estarás recibiendo la enseñanza del Espíritu Santo! ¡Así de sencillo!

Ocurre a través de la revelación del Señor

Lo que hace que la Escuela del Espíritu Santo sea única es que es por revelación. No se trata de una persona enseñando a otra *sobre* Dios. No, en la Escuela del Espíritu Santo las personas no enseñan, **sino Dios mismo baja para manifestarse en nosotros**, como hizo con Samuel (en 1 Samuel 3:10-21), y a Pablo (en Gálatas 1:11-17 y 2 Corintios 12:1-7). La Escuela del Espíritu Santo es, por lo tanto, una enseñanza por revelación. Dios quiere revelarse a nosotros, para que tengamos un *conocimiento revelado* de Él. Este es el conocimiento verdadero que necesitamos para crecer y madurar en las cosas de Dios. Ningún hombre nos puede *mostrar* a Dios. El hombre solo nos puede *hablar* acerca de Dios. Ahora, Dios quiere mostrarse a ti, para que puedas conocerle de una forma más profunda e íntima. ¿Estás preparado? Esto es lo que necesitamos para durar hasta el final. Necesitamos la revelación de Dios – ¡por parte Dios! 1 Samuel 3:21 dice «el Señor siguió **manifestándose** en Silo...»

«Quiero que sepan, hermanos, que el evangelio que yo predico no es invención humana. No lo recibí ni lo aprendí de ningún ser humano, sino que me llegó por revelación de Jesucristo.» Gálatas 1:11,12

Esto es lo que quiere Dios para nosotros en la Escuela del Espíritu Santo.

¿Dónde está la Escuela del Espíritu Santo?

La Escuela del Espíritu Santo no es una iglesia o una reunión. No es un lugar de culto donde la gente se reúne. La escuela del Espíritu Santo simplemente eres tú, a solas con Dios, aprendiendo a caminar según Su voluntad.

¿Dónde está? La escuela del Espíritu Santo está en tu hogar. ¡No la busques fuera de tu casa! Sí, siempre que apartes un tiempo para estar con Dios, ahí mismo en tu habitación, estás en la escuela del Espíritu Santo. Cuando estés en la presencia de Dios tu Padre, a solas con Él, para escuchar su voz y recibir dirección de Él, entonces estás en la escuela de Espíritu Santo. ¡Así de sencillo!

Así que, no la busques por ahí. Lo único que necesitas hacer es dejar de ir de un sitio a otro buscando milagros. ¡Deja de hacer las cosas a tu manera! Entonces elige un *tiempo de pacto*, cuando deberás estar en la presencia de Dios. El tiempo de pacto es un tiempo que apartarás para estar a solas con Dios.

Durante este tiempo, debes estudiar libros de discipulado – es decir, libros que te acerquen a Jesucristo. Si haces esto cada día, a una determinada hora, entonces te habrás apuntado a la Escuela del Espíritu Santo. El Espíritu Santo empezará a enseñarte y a guiarte en el camino que debas seguir. ¡Eso es todo! ¡Puedes comenzar hoy!

Propósitos de la Escuela del Espíritu Santo

«¿Por qué necesitamos la Escuela del Espíritu Santo ahora?» podría preguntarse uno, especialmente aquellos que ya son creyentes y trabajadores en la Iglesia. Aquí tenemos algunos de los propósitos.

1. Una relación personal e íntima con Jesucristo

Bueno, el propósito principal de la Escuela del Espíritu Santo es acercarnos a Jesucristo para tener una relación personal e íntima con Él. Necesitamos esta cercanía en intimidad con el Señor en estos Últimos Días más que nunca. ¿Por qué? Porque los últimos días van a ser tiempos difíciles para vivir. Se les llama **tiempos peligrosos** en los que peligrarán muchas vidas y propiedades. Habrá problemas por todo el mundo, ¡y no habrá a dónde huir en esta tierra! Jesucristo dijo que «se desmayarán de terror los hombres... porque los cuerpos celestes serán sacudidos» (Lucas 21:25-28). También dijo que el Amor de muchos creyentes se enfriaría, por causa de los tiempos difíciles por los que pasarían. (Ver Mateo 24:9-13).

El único lugar seguro será la presencia de Dios. ¡Y solamente quienes tienen una relación íntima con Dios podrán morar en Su presencia! Hoy, muchos creyentes no tienen una cercanía con Dios. Puede que tengan cercanía con su Pastor, con el pastor presidente *General*, etc., pero no están cercanos a Jesucristo, el único que puede dirigirles y llevarlos a un lugar seguro. Hoy, muchos creyentes están de un lado a otro, de iglesia en iglesia, y de reunión en reunión, buscando milagros, "soluciones", bendiciones y todo eso. Hoy en día, muchos creyentes están demasiado ocupados en sus actividades diarias que no tienen tiempo para estar a solas con el Señor – ¡en sus hogares! Todo eso es peligroso, especialmente ahora que nos acercamos a la oscuridad de estos últimos días. Se está haciendo cada vez más peligroso que los creyentes vayan de sitio en sitio, sin un claro enfoque y dirección del Señor.

Las cosas tienen que cambiar si queremos vencer en las batallas de estos últimos tiempos. ¡Los que se mantengan hasta el final serán los que permitan a Dios acercarse a ellos más ahora! Y eso es exactamente lo que Dios está haciendo en la escuela del

Espíritu Santo. Está acercándose a sus hijos, para enseñar y prepararlos para los peligros que están por venir. Quienes no estén preparados ahora no podrán mantenerse luego. Esos negarán a Cristo, y su amor se enfriará (Mateo 24:12). Sin embargo, aquellos que conocen a su Dios serán fuertes y durarán hasta el final (Mateo 24:13). ¡Es tiempo de prepararse! ¡Pide a Dios que se acerque a ti y que te prepare! Está esperando que se lo pidas.

2. Es un programa de discipulado

La escuela del Espíritu Santo también es un programa de discipulado. Cuando el Espíritu Santo está enseñando y dirigiendo a alguien directamente, esa persona se convierte en un verdadero discípulo del Señor Jesús. Esto es lo que quiere hacer Dios en nuestras vidas – quiere hacernos verdaderos discípulos suyos.

Los discípulos son personas preparadas y disciplinadas, que han dedicado sus vidas enteras a Jesús, y que están dispuestos a obedecerle en cualquier cosa que les pida. Los discípulos son diferentes al resto de las personas, que siempre buscan milagros y bendiciones. Ellos van más allá de los milagros y las bendiciones. Buscan conocer a Dios con intimidad, para complacerle. Por lo tanto, Dios les da más autoridad y gracia para andar con Él y para complacerle. Los discípulos son quienes llevarán a cabo su programa de los últimos tiempos, ya que Dios los hará fieles hasta el final.

La escuela del Espíritu Santo es, por lo tanto, un programa de discipulado.

¿Quieres ser un verdadero discípulo de Cristo? ¡Muchos creyentes hoy en día no lo son! Si deseas ser Su discípulo, entonces estudia Mateo 16:24 y Mateo 10:34-39 y decídete. ¿Estás dispuesto a rendirlo todo a El? ¿Estás dispuesto a cambiar tu vida y tu carácter, a *disciplinarte*, para llegar a ser como Él? ¿Estás dispuesto a recibir la naturaleza de Cristo, y abandonar tus caminos por completo?

¡Entonces, dile a Dios que te haga su discípulo! Tu labor es obedecerle, mientras que Su labor es **convertirte** en lo que Él quiere que tú seas (Marcos 1:17).

A través de la Escuela del Espíritu Santo, Dios empezará a convertirte en su valioso discípulo a quien utilizará para Sus propósitos de los últimos tiempos.

3. Limpiando y perfeccionando la Novia de Cristo

Este es otro propósito principal de la escuela del Espíritu Santo. Lo más importante en la escuela es nuestro carácter. Dios quiere que seamos como Su hijo, Jesús. Ese es Su propósito más importante para nosotros aquí en la tierra (ver Romanos 8:29).

Sin embargo, ¡todavía estamos lejos de conseguirlo! ¡El cuerpo de Cristo hoy es como una mujer fea vestida en trapos! La novia de Cristo está llena de manchas y arrugas, ¡poluta! ¿Entonces qué hará Dios con esta situación tan fea? Dios nos está acercando, para que pueda purificarnos y limpiarnos de nuestras impurezas. Eso es lo que hace en la escuela del Espíritu Santo. Lo llamamos *"Vestir, adornar y perfeccionar" la novia de Cristo.* Todos hemos de pasar por este fuego para refinarnos y ser limpios para Él. Dios usará solamente las vasijas limpias y santificadas para su obra en los últimos tiempos. Solo los creyentes limpios y puros serán arrebatados al final, porque el cielo solo es para personas preparadas.

¿Quieres limpiar y embellecer tu vida también ahora? Entonces pídele que lo haga. No debemos asumir que estamos bien, hasta que Dios revele su vida a nosotros. Muchas cosas están escondidas en nuestras vidas que solo su luz puede revelar. Lee Efesios 5:25-27 y 2 Timoteo 2:21. Y no le dejes descansar hasta que comience esa limpieza en tu vida. De eso trata la escuela de Espíritu Santo. Solo a través de su mano purificadora y santificadora que podemos ser como Jesús.

4. ¿A quién sigues? ¿Haces la voluntad de Dios?

Este es otro tema que tocamos en la escuela del Espíritu Santo. En estos últimos tiempos, Dios quiere entrenar a sus hijos personalmente, como anunció en Isaías 2:2-3 y en Miqueas 4:1-2 y Hebreos 8:10-11. Dios quiere *enseñarnos* Él mismo para que ninguno de nosotros no sea arrebatado. La forma como van las cosas en nuestras iglesias y reuniones ya no agrada al Señor. Hemos transformado la casa de Dios en un lugar de negocios y comercio. ¿Sabes por qué? Porque ahora estamos en los tiempos de la iglesia de Laodicea, la que hablaba de dinero y materialismo en su mensaje. Una iglesia ciega, desnuda, ¡y que no sabe que lo está! (Apocalipsis 3:17)

Si seguimos así, podemos acabar en el infierno, el día del juicio. Para salvar nuestras almas, Dios ahora quiere acercarnos a Él, para limpiarnos y purificarnos, y para enseñarnos Su verdadero camino en la vida, que Él ha llamado el "camino estrecho". Solo los que andan por este camino estrecho llegarán al cielo. Los que siguen otros caminos perecerán, y así lo dice Jesús (Mateo

7:13-14). ¿Y qué quiere decir por "camino estrecho"? **Camino estrecho significa seguir la voluntad de Dios. Los que siguen Su voluntad en sus vidas están andando por el camino estrecho.** Pero los que siguen sus propios planes (por ejemplo. voluntad-propia), o los que siguen la voluntad de otras personas, están siguiendo el camino ancho. Los creyentes que sigan el camino ancho irán al infierno, dice Jesús (Mateo 7:21-23). Dios no escuchará excusas ni explicaciones ese día. Es **su voluntad**, o nada.

La escuela del Espíritu Santo, por lo tanto, es parte del esfuerzo que hace Dios para ayudarnos a conocer Su voluntad, y para andar en ella, para que nuestras almas no perezcan.

Ahora, ¿qué voluntad seguirás? ¿La de Dios o la tuya? Deberías saberlo si lo piensas bien. Jesús dijo que su alimento es hacer la voluntad de aquel que le envió, Dios (Juan 4:34). ¿Cuál es tu alimento? ¿Hacer la voluntad de Dios o hacer tu propia voluntad?

Puede que la obra que estés llevando acabo ahora sea buena, pero ¿quién te la ha asignado? ¿Dios o el hombre? Mateo 7:21-23 nos muestra lo peligroso que es hacer una obra que no nos haya asignado Dios. Jesús dijo que no es la obra en sí lo que importa. Lo importante es de quién es la voluntad que estamos siguiendo.

Ahora pues, ¿sabes exactamente lo que Dios tiene para tu vida? Dios tiene planes específicos para Sus hijos. ¿Conoces el tuyo? ¿Conoces el plan específico de Dios y sus propósitos para tu vida? ¿O estás ocupado plantando aquí y allá, pensando que cualquier obra que hagas en nombre de Dios será aceptable para Él? ¡Esto no es cierto!

¿Quieres saber la voluntad perfecta de Dios para tu vida? ¡Obrar en cosas que no sean su voluntad perfecta es la causa de los problemas que sufren estos días la mayoría de los cristianos! Y ha llegado la hora para poner las cosas en su sitio en nuestras vidas. Debemos *buscar* Su voluntad, y hacerla, para no ser rechazados el último día, como los trabajadores en Mateo 7:22;23!

Entonces, ¿cómo podemos saber cuál es Su propósito para nosotros? ¡Manteniéndose cerca de Él! No podemos saber cuál es la voluntad de ninguna persona a no ser que nos lo diga. Pero ninguna persona revela su voluntad y sus planes a las personas que no son cercanas a él. De la misma manera, Dios no va revelando su voluntad a cualquiera que vea. Dios también guarda sus planes y se los cuenta solo a quienes están cerca de Él.

Es aquí donde entra la escuela del Espíritu Santo. No hay otra manera de meternos en la mente de Dios si no es pasando tiempo con él, a solas. A medida que vayas pasando un tiempo con Él a solas cada día, empezará a *revelarte* Su voluntad. También te guiará, paso por paso, hasta que hayas cumplido por completo con su voluntad. Esta es la *única manera* de encontrar la felicidad, ¡justo al final de este viaje!

Pídele hoy que te muestre Su voluntad en tu vida, ¡para que puedas encontrar la felicidad al final del camino! En eso consiste la escuela del Espíritu Santo.

5. El juicio de Dios va a venir sobre la Iglesia (1 Pedro 4:17)

¿Sabes qué es lo siguiente que va a hacer Dios en la Iglesia? Su juicio está a punto de comenzar por la familia de Dios, ¡por el cuerpo entero de Cristo! ¡El juicio de Dios está a punto de caer sobre nosotros!

En 1 Pedro 4:17, se nos indica que el juicio de Dios comenzará por la iglesia, antes de que se propague por el mundo. ¡Esto es lo que está a punto de ocurrir!

En este juicio, todos nuestros secretos serán expuestos. Dios está a punto de exponer todas las falsedades que hemos mantenido en nuestras vidas y en nuestras reuniones. Está a punto de juzgar los verdaderos motivos ocultos que hay detrás de nuestras acciones, ¡incluso cómo hemos estado recaudando fondos! ¡Está a punto de juzgar todo eso! Incluso va a juzgar nuestras ofrendas y nuestros servicios contaminados. Va a exponer las mentiras que hemos dicho para conseguir dinero y posición. ¡Está a punto de exponer esas cosas sucias que hacemos para llegar a atar cabos! Dios está a punto de exponer nuestros pecados secretos. Juzgará nuestro amor por el materialismo y por el mundo, ¡y nuestra prostitución espiritual!

El Dios que mató a Ananías y Safira, un matrimonio, por contar una "pequeña mentira", es el Dios que está a punto de visitarnos. Será un día terrible, cuando visite nuestras vidas individuales y nuestras congregaciones. Ya no habrá más secretos cuando Él nos visite (Ver 1 Pedro 4:17-18, Lucas 12:2-3, Hebreos 4:13).

¿Por qué va a juzgar Dios a la iglesia? Porque debe limpiarla y prepararla para la cosecha de los últimos tiempos y para el arrebatamiento. Por lo tanto, ¿qué es la escuela del Espíritu

Santo? Es la forma que tiene Dios de acercarnos a él, para limpiarnos individualmente, antes de que venga su juicio sobre la iglesia. Si nos limpia y juzga individualmente ahora, entonces ya no correremos peligro cuando comience el juicio final. Esto es lo que dice 1 Corintios 11:31,32. Eso es lo que hacemos en la escuela del Espíritu Santo. Le permitimos tratar nuestras vidas, para que nos salve de las agonías del juicio final que está por venir. Si Ananías y Safira hubieran sido juzgados en su hogar, a través de la escuela del Espíritu Santo, no habrían muerto en el juicio general que ocurrió en la iglesia en su tiempo.

La escuela del Espíritu Santo es, por lo tanto, la manera en la que Dios nos prepara para escapar lo que está por venir sobre la iglesia, pronto.

6. El ejército de Dios de los últimos tiempos

¿Sabías que estamos ya en los últimos tiempos? Los eventos que están ocurriendo por todo el mundo indican que los últimos tiempos están aquí y que estamos acercándonos al día en el que las últimas batallas se sucederán entre el ejército de las tinieblas y el ejército de la luz. Isaías 60:1-2 habla de esta última batalla entre las Tinieblas y la Luz.

> *¡Levántate y resplandece, que tu luz ha llegado!*
> *¡La gloria del Señor brilla sobre ti!*
> *Mira,* **las tinieblas cubren la tierra***,*
> *y una densa oscuridad se cierne sobre los pueblos.*
> *Pero la aurora del Señor brillará sobre ti;*
> *¡Sobre ti se manifestará* **Su gloria***!*

Una de las cosas que están ocurriendo es que Dios está movilizando a aquellos que lucharán en la batalla. Este es otro de los propósitos de la escuela del Espíritu Santo. A través de esta enseñanza, Dios está reclutando, entrenando, y equipando a Su Ejército de la Luz. Las armas de esta última batalla serán realmente gloriosas y poderosas. Por lo tanto, aquellos que vayan a empuñar estas armas de glorioso poder deberán estar debidamente preparados y disciplinados. Ese entrenamiento se está llevando a cabo ahora, en las vidas de quienes han empezado la escuela del E.S. Recuerda que la escuela del E.S. significa tener un tiempo en el que te apartas a la presencia de Dios – en tu habitación, para que te enseñe y dirija tu vida.

Si quieres unirte al entrenamiento que se está llevando a cabo ahora mismo en el ejército del Señor, entonces empieza con la escuela del Espíritu Santo de inmediato. Aparta un tiempo, para que ti y el Señor, y sé disciplinado. No pongas excusas. *Disciplina*, es palabra clave de cualquier ejército. 2 Timoteo 2:3-4.

7. ¡Felicidad! ¡Felicidad plena para ti!

Querido hijo de Dios, ¿sabías que hay un lugar reservado para los hijos de Dios en donde solo reina la felicidad? El Salmo 16 nos dice que, en la presencia de Dios, ¡hay plenitud de gozo! Dios quiere que Sus hijos siempre estén llenos de alegría y sean fuertes, pues el gozo del Señor es nuestra fortaleza.

Sin embargo, hoy en día muchos creyentes no son fuertes, porque no tienen la alegría del Señor. Puede que sean felices... pero felices por cosas materiales. Esa felicidad es efímera, se va en cuanto desaparece lo que la produce. Algunos son poco alegres, ¿por qué? Solo hay una razón – ¡que no están en la presencia de Dios!

Muchos están ocupados andando de arriba a abajo, demasiado ocupados con demasiadas actividades. En el proceso, se quedan secos... espiritualmente hablando. Acaban siendo tristes y amargos. Puede que incluso culpen a otras personas por su condición, o al enemigo – y empiecen a buscar liberación de aquí para allá. Eso no les conducirá al gozo que necesitamos.

Abdías 1:17 nos muestra dónde podemos encontrar la liberación y la satisfacción. Es en la presencia de Dios; lo llama el monte de Sión.

Pero en el monte Sión habrá liberación, y será sagrado. El pueblo de Jacob recuperará sus posesiones. (Abdías 1:17)

Muchas de nuestras reuniones cristianas realmente no tienen ese gozo. La verdad es que lo que normalmente tenemos es un «gozo mecánico», un espectáculo superficial manipulado que puede parecer gozo, pero que, en el fondo de nuestros corazones, es simplemente tristeza. Sí, puede que saltemos y cantemos, pero por lo general suele ser falso, mecánico. La mayoría de los que están cantando y bailando no tienen alegría en su corazón, ¡y lo saben! Es parte de nuestra hipocresía. ¡Se ha convertido en parte de nuestro sistema en los cultos comportarse así y poner falsas sonrisas! Incluso puede que nos abracemos y nos riamos juntos, pero no es real y lo sabemos. Dentro de nuestro corazón estamos tristes, vacíos, preocupados, inquietos y llenos de miedo y desesperación.

Ahora debemos dejar esa falsedad y ser honestos con nosotros mismos. Dios quiere ayudar a sanarnos y restaurarnos, ahora, y darnos verdadero gozo y paz, que fluyen en Su presencia.

¿Estás buscando una liberación perfecta? ¿Perfección y santidad? ¿Quieres poseer tus posesiones – es decir, lo que Dios tiene planeado para ti? ¿Está tu gozo desvaneciéndose? ¿Solías ser alegre, pero han cambiado las cosas? ¿Quieres restauración inmediata para poder empezar una vida de gozo y paz?

Entonces haz solo una cosa. Tienes que ir al monte de Sión, a Su presencia. Reorganiza tu agenda para poder empezar a tener un tiempo con Dios, a solas, cada día. Empieza a tener tu "hora en el monte de Sión" cada día. Plenitud de Gozo, verdadero gozo del Señor. Es lo que hay reservado para todos los que pasan este tiempo con el Señor a solas. Quienes lo han intentado son ahora verdaderos testimonios. Las sanidades que buscamos, las liberaciones, la prosperidad y cualquier milagro o bendición que necesitemos, están ahí esperándonos – en el monte de Sión.

Y Dios está llamando a todo el mundo, diciendo:

> »¡Vuélvanse a mí, apóstatas –afirma el Señor–, porque yo soy su esposo! De ustedes tomaré uno de cada ciudad y dos de cada familia, y los traeré a Sión. Les daré pastores que cumplan mi voluntad, para que los guíen con sabiduría y entendimiento. (Jeremías 3:14)

Tu esposo (novio), Jesús, está clamando: «¡Vuelve! ¡Pues estoy casado contigo!» ¿Responderás su llamada hoy? ¿Volverás a Él? A su presencia. Está reuniendo su novia, en Su presencia, para restaurarla y adornarla, y para prepararla – porque "ya ha llegado el día de las bodas del Cordero" (Apocalipsis 3:14).

Empieza hoy la escuela del Espíritu Santo, y recibirás **plenitud de gozo**, y otros milagros, ¡sin esfuerzo!

¿Cómo empezar la Escuela del Espíritu Santo?

La escuela del Espíritu Santo no es una escuela física a la que vas y te matriculas antes de que puedas ser un estudiante. No, es una escuela espiritual, la escuela en la presencia de Dios. Por lo tanto, no busques dónde apuntarte, sino aparta un tiempo en tu casa para pedirle al Espíritu Santo que te empiece a enseñar.

Pero primer, ten en cuenta lo siguiente:

1. La Escuela del Espíritu Santo es para las personas que realmente tienen sed de Dios y anhelan hacer su voluntad. ¿Crees que realmente amas a Dios y que quieres conocerle más y hacer su voluntad?

2. ¿Estás genuinamente hambriento por conocer más a Jesucristo? ¿O estás satisfecho con el nivel en el que estás ahora? Solo los que quieren saber más de Jesús pueden aprobar en la Escuela del Espíritu Santo.

3. ¿Estás seguro de que quieres obedecer la voluntad de Dios, sea cual sea el coste? La escuela del espíritu santo es para

aquellos que están dispuestos a complacer a Dios, ¡incluso si eso significa contrariar a las personas! (Ver Gálatas 1:10)

4. El corazón del hombre está lleno de engaño. Por lo tanto, pide a Dios que te revele tu propio corazón, para que puedas ver cómo Dios realmente te ve. Es necesario que Dios te muestre tu corazón para que sepas por dónde empezar. Puede sorprenderte lo que Dios te revele.

5. **Aparta un tiempo de pacto.** Este es un tiempo que apartas para Dios. Durante ese tiempo deberás estar en su presencia, para que Él te enseñe y te limpie y embellezca tu vida. **No es** un tiempo para oración o para pedir cosas. ¡No! **¡El tiempo de pacto es un tiempo para estudiar!** Cuando estés en ese tiempo, empieza a estudiar **libros de discipulado**. Los libros de discipulado son libros que te ayudarán a estar más cerca de Jesucristo como persona. Libros que te enseñarán cómo acercarte a Él y a conocerle mejor. Son libros que te enseñarán cómo escuchar la voz de Dios y tener una relación íntima y personal con Él. Estos libros han sido creados y

provistos de **pasajes relevantes de las escrituras** para satisfacer tus necesidades inmediatas.

A medida que estudies estos libros en su presencia durante el tiempo de pacto (y durante cualquier otro momento), estarás comiendo de la mesa del Señor. Inmediatamente el Señor empezará a obrar en tu vida, a perfeccionarte según Sus planes. Algunos de estos libros de discipulado aparecen el final de este libro. Cuando empieces a guardar el Tiempo de Pacto de este modo, ¡entonces habrás empezado la Escuela del Espíritu Santo y los resultados te asombrarán en un tiempo muy corto!

Este tiempo de pacto debe ser a la misma hora cada día. ¿Por qué? Porque es un tiempo de *pacto*. Es decir, un tiempo que has acordado con Dios, para reunirte con él. ¡Es una reunión con Dios! Es un tiempo que le has dado a Dios. No debes permitir que lo echen a perder las visitas, en la medida de lo posible. **Puede durar una hora, o más,** o incluso menos, dependiendo de la naturaleza de tu trabajo y de la instrucción del Señor. Lo que importa es que empieces a la misma hora cada día. El Espíritu Santo te parará cuando Él haya acabado contigo, cada día.

6. Si eres fiel con tu *tiempo de pacto*, entonces Dios empezará a hablarte. Lo hará a través de revelaciones, sueños y visiones, como hizo con Samuel, José, Daniel, Pablo, etc. También te hablará con Su voz en tu interior – conforme vayas madurando. Recuerda, la voz de Dios es un *«suave murmullo»* (1 Reyes 19:12). Eso significa que debes estar atento para escuchar su voz. Por eso Él siempre empieza con sueños y visiones, pero conforme vamos creciendo en obediencia y en intimidad con Él, empezamos a escuchar Su voz con claridad, y quizás Dios nos empiece a hablar más a través de Su voz, y menos a través de sueños. Si no comprendes sus mensajes, especialmente los sueños, no te preocupes. Pídele entendimiento, y te lo dará. Lo hizo así con Pablo (en Gálatas 1:11,12), Samuel (1 Sam. 3:10-21), Daniel, José, y otros discípulos del pasado. Lo hará contigo también – si lo deseas.

7. **¿Pero por qué un tiempo de pacto?** Porque de esa manera empezaremos una fuerte Relación de Pactos con Dios, como hicieron Noé, Abraham y otros. (Ver Génesis 6:17-18; 17:1-7).

Oración de Dedicación y Consagración

Esto es para aquellos que realmente quieren empezar la escuela del Espíritu Santo. Puedes recitar estas oraciones, o puedes decidir orar con tus propias palabras. Si oras de corazón, **entonces se abrirá un archivo en el cielo,** para que empiece tu escolarización del Espíritu Santo.

Padre mío en el cielo,
Gracias por hacerme conocer la Escuela del Espíritu Santo. Estoy muy interesado en ella y quiero empezar enseguida.

Por lo tanto, he apartado este periodo de tiempo para ser mi tiempo de pacto contigo. A esta hora cada día, estaré en Tu presencia para comer en Tu mesa y recibir vida de Ti. Me apartaré para estar en tu presencia, para que Tú me des de comer y me des de beber Tu agua de vida, la cual fluye con libertad en tu presencia y la cual, si bebo, quitará mi sed para siempre. Por favor, dame gracia para no permitir que nada impida que pase este tiempo contigo cada día.

Al estar en tu presencia, por favor enséñame los caminos de la vida. Enséñame los caminos de Dios y el camino que debo seguir. Enséñame todas las cosas que necesito saber en esta vida y dame la gracia para poder seguirte y obedecerte conforme a lo que me dices cada día.

Sí Señor, quiero que Tú seas mi maestro profesor personal a partir de ahora, para ya no tener que buscar ayuda en los hombres como solía hacer. A partir de hoy, Tú serás mi Maestro y mi Ayuda en la necesidad.

Al venir a tu presencia, quiero que me alimentes, que me limpies y me purifiques, y que me embellezcas para que sea una digna novia de Cristo, perfecta y lista para la boda del Cordero. Cambia mis vestiduras espirituales, Señor, y dame una nueva vida. Tráeme a una relación maravillosa, cercana, e íntima contigo, tal que nada pueda separarnos. Tú y yo. Revélame también Tu voluntad, para que ande en Tu voluntad, por Tu gracia.

He aquí rindo mi vida, mi vida entera, mi voluntad, mis caminos, mi todo, a Ti. Toma control de mi vida, y haz de mí lo que tú quieras que sea. No quiero complacer al hombre, quiero complacerte a Ti Señor a partir de ahora. Ya no quiero seguir mi propio camino, ni ningún otro camino. Solo quiero seguir tu camino a partir de ahora. Sí Señor, quiero seguir Tu camino estrecho, que lleva a la vida eterna. Padre, quiero empezar a recibir directamente de Ti, a través de revelaciones, sueños, y tu voz. Ahora que van a empezar a llegar tus mensajes, miro también hacia Ti para que me des el entendimiento y las interpretaciones.

Gracias Señor, por tu gracia podré guardar este tiempo de pacto fielmente y no permitiré que otras cosas me distraigan. Esto es un pacto entre Tú y yo. Un pacto de vida, y de paz, y de alegría, para mí y para mis seres queridos. Solo puedo guardar este pacto con Tu ayuda.

También, dame gracia para ser humilde y enseñable. Y ayúdame a nunca pensar que ya sé algo, para no convertirme en un orgulloso y que Tú me rechaces.

Espíritu Santo, mi Maestro, deseo que la escuela comience inmediatamente, al entregar yo toda mi vida a Ti.

Gracias, Señor Dios Todopoderoso, en el nombre de Jesús. Amén.

No hace falta que hagas esta oración cada día. Solamente debes decirla una vez, y ya está. Simplemente recítala el primer día, para comenzar formalmente, y eso es todo. **¡Entonces,**

Dios mismo te habrá matriculado en la Escuela del Espíritu Santo! (Salmo 32:8; Isaías 2:3).

Ejemplos Bíblicos de la Escuela del Espíritu Santo

Gálatas 1:11-17; 2 Corintios 12:1-10   - Pablo

1 Samuel 3:10-21   - Samuel

Hechos 10:9-20   - Pedro

Génesis 37:5-10; 41:1-57; 45:1-8   - José

Daniel 2:1-49; 5:8-17; 7:15-16   - Daniel

Todos estos siervos de Dios pasaron por la escuela del Espíritu Santo. Es decir, Dios fue quien les enseñó y convirtió en grandes hombres. Les dio mensajes a través de revelaciones, sueños y visiones, y les ayudó a comprenderlos. Esa es la

Escuela del Espíritu Santo. Lo que Dios hizo por ellos, hará por ti si lo deseas.

Por lo tanto, aparta un tiempo para Él y empieza en seguida. ¡Te sorprenderá lo que vas a crecer en tu vida espiritual!

Para ti y tus seres queridos

La escuela del Espíritu Santo es tan maravillosa que, en poco tiempo, toda tu familia y tus seres queridos estarán metidos. En los días de Noé, Dios no salvó solo a Noé sino también a su familia. Y Jesús dijo que tal como fue en los tiempos de Noé, así sería en los últimos tiempos. Dios quiere salvarnos a nosotros y a nuestros seres queridos.

Ocurre de la siguiente manera. Unas semanas después de que hayas empezado la escuela del Espíritu Santo, Dios irá visitando a los miembros de tu familia, uno por uno, para embellecer sus vidas también. Antes de visitar a cada uno, Dios te dará una revelación. En el sueño Dios te mostrará el problema que esa persona tiene. El motivo es para que ores e intercedas por esa persona. Al interceder, estás diciendo que estás de acuerdo con Dios en cuanto a la vida de esta persona.

Después de eso, Dios visitará a la persona, normalmente por revelación también, o cualquier otro método que pueda elegir. Antes de que te puedas dar cuenta, la vida de esta persona habrá sido transformada y restaurada por Dios. Esto puede pasar al poco tiempo desde la revelación. No importa lo insensible que sea la persona. El movimiento de Dios en los últimos tiempos es demasiado fuerte para que pueda resistirse. En pocos meses, quienes están en la escuela del Espíritu Santo habrán visto cómo Dios visita a todos los miembros de su familia, incluso marido, mujer, hijos, y el resto de los familiares. Amigos, compañeros de trabajo, socios, y cualquier persona que tenga algo que ver contigo, pronto verán sus vidas cambiadas por obra directa del Espíritu Santo – a través de tu Escuela del Espíritu Santo.

Conforme Dios vaya mostrándotelos en sueños, solo tienes que orar por ellos y ponerlos en manos de Dios. En algunos casos puede que Dios te pida que compartas algún mensaje con esa persona. Así quiere Dios salvar a todas las familias de la tierra, en estos últimos tiempos, pues ciertamente no es voluntad de Dios que perezca nadie. Hizo lo mismo en los tiempos de Noé y Lot.

> El Señor le dijo a Noé: «Entra en el arca con toda tu familia [...] porque dentro de siete días haré que llueva sobre la tierra durante cuarenta días y cuarenta noches, y así borraré de la faz de la tierra a todo ser viviente que hice.» *(Génesis 7:1,4)*

> Luego (los ángeles) le advirtieron a Lot:
>
> —¿Tienes otros familiares aquí? Saca de esta ciudad a tus yernos, hijos, hijas, y a todos los que te pertenezcan, **porque vamos a destruirla**. El clamor contra esta gente ha llegado hasta el Señor, y ya resulta insoportable. Por eso nos ha enviado a destruirla. *(Génesis 19:12,13)*

Dios no quiere solamente salvarnos a nosotros. Sabe que nuestro gozo no será completo si somos salvos pero nuestros seres queridos destruidos. Siempre quiere salvar a familias enteras – antes de que llegue la destrucción. Lo que hizo en los tiempos de Noé y Lot, lo está volviendo a hacer en nuestros tiempos a través de la Escuela del Espíritu Santo.

Final de la Introducción

Querido lector, esperamos que todavía recuerdes lo que estamos haciendo. Hemos estado dándote una introducción a algo nuevo para ti – ¡La Escuela del Espíritu Santo! Aquí acaba esa introducción. Ahora depende de ti tomar la decisión

Resumiendo, la escuela del Espíritu Santo es un nuevo movimiento de Dios, el cual había guardado para los últimos tiempos, enfocado a preparar y perfeccionar a los santos para las batallas finales de los últimos tiempos y para el arrebatamiento final. ¿Deseas tomar parte? Lee el resumen final a continuación.

Una vez más, la escuela del Espíritu Santo es...

- Una escuela de discipulado

- Un lugar para entrenar a los soldados del ejército de Dios de los últimos tiempos.

- Un lugar donde perfeccionar a la novia de Cristo y para prepararla para las bodas del cordero.

- Es un lugar para tener una relación íntima y cercana con Jesús, y para escuchar su voz.

- Un lugar de restauración completa de nuestras vidas espirituales y materiales.

- Es un lugar a través del cual entramos y obtenemos todo lo que Dios tiene planeado para nosotros en esta vida según su perfecta voluntad.

- La escuela del Espíritu Santo sois tú y Dios disfrutando de la vida juntos, andando y hablando juntos, en perfecta unión.

- Es simplemente un proceso a través del cual Dios quiere traer **perfección** a nuestras vidas – en todas las áreas de nuestras vidas.

¿Quieres todo eso? Si lo quieres, entonces vuelve atrás y lee cómo puedes empezar. Empieza enseguida. Conforme haces esto, el Espíritu Santo, tu maestro, te llevará a lo profundo de lo que Dios tiene preparado para ti.

¡Sólo hemos hecho **la introducción**!

Mira en la página siguiente para una lista de libros Mira en la página siguiente para una lista de libros de discipulado

Libros Recomendados

Los siguientes libros te ayudarán, si puedes conseguirlos. Estúdialos durante tu tiempo de pacto, y a cualquier hora.

LIBROS PARA CRECIMIENTO ESPIRITUAL, PERFECCIÓN DE LA VIDA Y PARA LA TRANSFORMACIÓN DEL CARÁCTER

1. ¿A Quién Te Pareces?   Ministerio Lafamcall

2. Colores Espirituales   Ministerio Lafamcall

3. Libro De Bendiciones Divinas   Ministerio Lafamcall

4. Secretos De La Vid   Bruce Wilkinson

5. La Practica De La Presencia De Dios   Hermano Lorenzo

6. La Búsqueda Final   Rick Joyner

7. Me Atreví A Llamarle Padre   Bilquis Sheik

8. Si No Fuera Por La Gracia De Dios   Dale Fife

9. En La Búsqueda De Dios   Tommy Tenney

10. Asuntos Del Corazón Juanita Bynum

11. El Corazón Del Hombre   Editorial FCE

12. La Vida Cristiana Normal   Watchman Nee

13. Quebrantamiento Del Hombre Exterior Watchman Nee

14. Conocimiento Espiritual   Watchman Nee

15. Dios De Abraham E Isaac Y De Jacob   Watchman Nee

16. Sentaos, Andad, Estad Firmes   Watchman Nee

17. La Vida Cristiana Victoriosa   Watchman Nee

18. La Autoridad Y La Sumisión   Watchman Nee

19. Los Tres Campos De Lucha Espiritual   Francis Frangipane

LIBROS DE PREPARACIÓN PARA LOS ÚLTIMOS TIEMPOS

1. La búsqueda Final   Rick Joyner

2. El llamado   Rick Joyner

3. La antorcha y la espada Rick Joyner

4. Cómo quebrar el poder del mal. Rick Joyner

5. Torturado por Cristo   Richard Wurmbrand

6. El libro de los mártires John Foxe

Hay tanto que descubrir sobre nuestras vidas, los últimos tiempos, y la eternidad. Consigue tantos libros de esta lista como puedas, y "cómetelos", como un hambriento. Dios los usará para abrir tus ojos a las verdades que debes saber. No leas cualquier libro cristiano que encuentres. Estos libros han sido aprobados por el Espíritu Santo así que los recomendamos. Pídele al Espíritu Santo consejo antes de comprar cualquier libro cristiano, deberías leer libros que van en la misma línea que la obra que Dios está haciendo en tu vida.

Sin embargo, si no encuentras ninguno de estos libros, no te preocupes. El Espíritu Santo te ayudar+á a encontrar buenos libros de discipulado si hiciera falta. Lo importante es que estés

en su presencia en el tiempo de pacto, para que te enseñe, te alimente, te hable, te guíe y adorne tu vida.

¡Dios te bendiga!

Made in United States
Orlando, FL
16 August 2023